Linda Schubert

Fünf-Minuten-Wunder

In Einfachheit und mit Vollmacht
für Menschen beten

„Wo zwei oder drei in meinem Namen versammelt
sind, da bin ich mitten unter ihnen." (Mt 18,20)

d&d medien gmbh

Impressum

Originaltitel: 5-Minute Miracles
Erschienen bei Ressurection Press, Minneola, New York
P.O. Box 248, Williston Park, NY 11596
Copyright © 1993 Linda Schubert

Copyright der deutschen Ausgabe:
© 1998 D&D Medien GmbH
Schubertstr. 28, 88214 Ravensburg

1. Auflage 08/98
Übersetzung: Monika Dörflinger
Druck & Herstellung: Buchdruckerei Holzer, Weiler im Allgäu
Satz, Titelfoto und Umschlaggestaltung:
D&D Medien GmbH

Alle Rechte vorbehalten

ISBN 3-932842-13-8

Inhalt

1. Menschen sind verletzt

„Da es aber dem Stand der Laien eigen ist, inmitten der Welt und der weltlichen Aufgaben zu leben, sind sie von Gott berufen, vom Geist Christi beseelt nach Art des Sauerteigs ihr Apostolat in der Welt auszuüben."
(II. Vatikanisches Konzil, Dekret über das Laienapostolat „Apostolicam actuositatem", Kapitel 1, Artikel 2)

Thema: Evangelisation (die frohe Nachricht bringen): „Sagt ihr nicht: Noch vier Monate dauert es bis zur Ernte? Ich aber sage euch: Blickt umher und seht, dass die Felder weiß sind, reif zur Ernte." (Joh 4,35)

Vor ein paar Jahren teilte mir der Arzt mit, dass ich Brustkrebs habe. In meiner Genesungszeit nach der Brustoperation rollten Wogen von Angst und Depression über mich hin. An meinem letzten Abend im Krankenhaus, als ich versuchte zu schlafen, spürte ich, wie der Herr zu mir sagte: „Ich möchte, dass du mit dem Mann im Zimmer nebenan betest." Voller Selbstmitleid drehte ich mich nach der anderen Seite und erwiderte: „Warum schickst du nicht lieber jemand, der für mich betet?" (Eine ganze Anzahl von Menschen hatte bereits mit mir gebetet!) Er wiederholte seine Bitte, dringlicher als zuvor. Nachdem ich mich eine Weile im Bett herumgewälzt hatte und nicht einschlafen konnte, stand ich schließlich auf.
Er sah nett aus, der dunkelhäutige Mann um die dreißig, und hatte einen Verband über den Augen. Im Morgenmantel und Hausschuhen schlich ich mich auf

Zehenspitzen in sein Zimmer und beugte mich über das Bett. „Gott hat mich zu Ihnen geschickt, ich solle für Sie beten!" flüsterte ich ungeschickt. Ich hatte einmal die Ausbildung für den Besuchsdienst im Krankenhaus absolviert und wusste daher, dass dies nicht gerade eine empfehlenswerte Art der Annäherung war.

Tränen rollten über seine Wangen herab. „Heute gab ich mein Leben dem Herrn," flüsterte er, „und heute wurde mir mitgeteilt, dass ich nie wieder sehen würde. Sie können nicht wissen, wieviel Ihr Kommen für mich bedeutet." Ich war überwältigt, beschämt und zutiefst gedemütigt. Ich kann mich nicht mehr genau an mein Gebet erinnern, doch es kam aus einem Herzen voller Reue und lautete etwa so: „Herr, ich danke dir, dass du mich hierher gerufen hast. Bitte berühre diese Wunde und dieses Trauma und schenke das Höchste, was du hast." Die Gegenwart Jesu in diesem Zimmer war so stark, dass ich wohl kein weiteres Wort mehr hätte sagen können. Als ich wieder in meinem Zimmer war, fiel ich auf die Knie und weinte: „Herr, es tut mir so leid, dass ich nur an mich dachte und derart egoistisch war."

Nach all den Jahren, in denen ich ein christliches Leben geführt hatte und den Segen erfahren hatte, wenn andere bei den verschiedensten Gelegenheiten für mich beteten, schämte ich mich, dass ich zugeben musste, wie sehr ich zuweilen auf mich selbst zentriert war. „Ich weiß nicht, wieviel Zeit mir noch bleibt in diesem Leben," weinte ich. „Ich weiß, bei Brustkrebs kann man nichts voraussagen. Aber jetzt entscheide ich mich dafür, dass ich jeden mir noch bleibenden Augenblick so leben will, dass er im Reich Gottes zählt. Ich will die kostbare Zeit, die du mir gegeben hast, nicht vergeuden. Mit deiner Gnade will ich immer sagen: ‚Ja, Herr!', wenn du mich bittest, mit jemandem zu beten."

Wenn ich heute zurückblicke auf all die Jahre seit damals im Krankenhaus, bin ich voller Dankbarkeit für die vielen Gelegenheiten, die der Herr mir schenkte, um mit Menschen zu beten. Meist waren es nur kurze Augenblicke, „Fünf-Minuten-Wunder", spontane Mini-Gebete im Vorübergehen. Jede dieser Erfahrungen waren lebensspendend für mich und ich glaube auch für die, mit denen ich betete. Jesus sagt: „Gebt, dann wird euch gegeben werden …" (Lk 6,38). Er weiß, dass wir es genauso brauchen, für andere zu beten, wie die anderen es brauchen, dass wir für sie beten.

Es gibt so viel Hoffnungslosigkeit in der Welt. Wir lesen davon in der Zeitung und hören es am Arbeitsplatz. Was treibt Menschen dazu, einander auf so schreckliche Weise zu verletzen? Warum werden Menschen hilflos, heimatlos und verzweifelt? Warum ist unsere Gesellschaft so aus der Kontrolle geraten? Oh, Herr, hab Erbarmen!

Manchmal ist die Hoffnungslosigkeit so groß, dass ich sie einfach aus meinem Denken verdränge. Kürzlich ging ich mit einem Freund eine Straße entlang, es war in San Francisco. Da saß ein Bettler an der Ecke. Mein Bekannter schaute ihn mit freundlichen Augen an, gab ihm ein ermutigendes Wort und legte ein paar Münzen in seine kleine Schachtel. Ich schaute weg. Bis wir unser Ziel erreichten, hatte sich das einige Male wiederholt. Mir war es zum Weinen. „Wenn ich dich so beobachte," sagte ich, „geht mir auf, dass ich manchmal der Verzweiflung nicht ins Gesicht schauen kann. Ich wende mich einfach ab." Irgendwie hatte seine sanfte, liebevolle Art diese Menschen wie Gebet berührt. Als ich mich in meinem Herzen an den Herrn wandte und ihn um Verzeihung bat, spürte ich, wie seine Liebe uns alle umgab – meinen Begleiter, mich und die Menschen, die er auf dem Weg angesprochen hatte. Jesus erinnerte mich im Stillen daran, dass dies alles meine Brüder und Schwestern waren.

Die Verzweiflung vieler Menschen auf der Straße und in unseren Gefängnissen können wir offen sehen. Vielen anderen gelingt es ausgezeichnet, ihren Schmerz zu verbergen – wenigstens eine Zeit lang. So wie die katholische Frauengruppe in einer wohlhabenden Gemeinde, in der ich einen Vortrag hielt. Als ich zu sprechen anfing, zeigte mir der Heilige Geist ein Bild von diesen schönen und lächelnden Frauen, wie sie nach außen hin perfekt schienen, aber innerlich ganz zermalmt waren. Ich erzählte ihnen, was ich gerade gesehen hatte. Am Ende des Treffens kam eine gutangezogene junge Frau zu mir her und flüsterte: „Würden Sie bitte für mich beten? Ich bin eine von diesen Zermalmten." Verzweiflung hat viele Gesichter, sie sind nicht immer sichtbar.

Viele Jahre lang gehörte auch ich zu denen, die ihre Hoffnungslosigkeit zu verstecken suchen. Im Lauf meines Lebens musste ich viele leidvolle Erfahrungen machen: Den Zerbruch meiner Ehe, Geisteskrankheit in der Familie, sexuellen Mißbrauch in der frühen Kindheit, Brustkrebs und viele andere traumatische Erlebnisse. Mein Vater war Atheist und meine Mutter war gemütsmäßig zu niedergedrückt, als dass sie ihre Kinder noch hätte christlich erziehen können. Ich war eine Einzelgängerin mit dunklen Geheimnissen, voller Angst und Unsicherheit.

Unmittelbar nach dem Tod meines Stiefsohnes Randy machte ich die Erfahrung einer mächtigen geistlichen Bekehrung. Als ich mein Leben Jesus Christus anvertraute, fand ich Hoffnung. In den Jahren danach verstärkten viele Menschen diese Hoffnung durch konkrete Taten der Liebe. Ich bewunderte sie und wollte wie sie sein.

Von Nancy zum Beispiel konnte ich eine Menge lernen, wie man Fremden auf ganz einfache Weise dient. Ihre Art, die Liebe Jesu auszudrücken, berührte mich tief. Im Cafe schloss sie die Bedienung mit ein in unser Tischgebet oder schenkte jemand am nächsten Tisch ein freundliches Wort. Im Auto bot sie dem Tankwart ein kurzes Heilungsgebet an, der ihr ganz spontan sein Herz ausschüttete, während er ihren Tank füllte. Das alles dauerte meist nur ein paar Augenblicke. Mehr als jede andere Person ermutigte sie mich zu dieser Art des Gebets, das ich „Fünf-Minuten-Wunder" nenne. Und vielleicht mehr als jemand anderem half sie mir, die Rolle und die Kraft des Heiligen Geistes in diesen Fünf-Minuten-Wundern zu erkennen. Sie war es auch, die mich mit Father Joe Otte bekanntmachte. Durch seinen Dienst hatte ich viele Gelegenheiten, meine Scheu zu überwinden und mit anderen zu beten.
Was ich als erstes von diesen beiden Menschen lernte, war, dass mein eigener Schmerz und meine Probleme mich eher dazu antrieben, mit Menschen zu beten, anstatt mich davon abzuhalten. Ich bekam eine besondere Liebe für leidende Menschen, besonders in den Bereichen, wo ich selber gelitten hatte. Und irgendwie wurde auch dem Schmerz in meinem Leben geholfen durch die Menschen, für die ich betete. Wenn also

8

Schmerz und Sorge in Ihrem Leben sind, möchte ich Sie ermutigen. Sobald Sie mit anderen Menschen beten, könnten auch in Ihrem Leben bemerkenswerte Dinge geschehen.

Warum wir zögern mit anderen zu beten
In den letzten Jahren reise ich viel herum in den Vereinigten Staaten und in anderen Ländern und halte einfache Kurse ab, wie man mit Menschen betet. Wir sprechen darüber, wie man sich vorbereitet, was man sagt und was man nicht sagt. Dann üben wir miteinander. Die Ergebnisse sind immer sehr ermutigend. Diese Kurse wurden entwickelt, weil ich andauernd hörte, dass Menschen Schwierigkeiten hatten, weil sie nicht wussten, was sie sagen sollten und wie sie es sagen sollten, wenn sich eine Gelegenheit zum Gebet ergab.
Manche Leute haben Angst, dass sie beten und dann nichts geschieht. Sie tun lieber nichts, als falsche Hoffnungen zu wecken oder dumm dazustehen, wenn keine offensichtliche Änderung eintritt. Manche Leute meinen, sie seien nicht gut genug. Manche sagen: „Oh, ich bin da kein Experte. Geh doch zu dem und dem! Der hat Erfahrung auf diesem Gebiet." Oft merken wir gar nicht, dass der Heilige Geist uns anstupft zum Beten, da wir nämlich genau der oder die Richtige sind, die das Herz dieser bestimmten Person berühren kann. Die richtige Person ist für gewöhnlich die, die in diesem Augenblick da ist, obwohl dann später noch jemand anderes dafür beten kann. Wir müssen uns bewusst machen, dass Jesus wirkt, wenn wir bereit sind – durch unsere Gebrochenheit hindurch. Was zählt, ist nicht unsere Fähigkeit oder unser Können, sondern unsere Verfügbarkeit.

Schuld am Zögern ist manchesmal der Mangel an Vorbereitung durch die Kirche für einen so lebenswichtigen Dienst. Bis vor kurzem war solch gelegentliches direktes Gebet von Person zu Person in der Kirche sehr ungewöhnlich. Es fällt uns nicht schwer zu sagen: „Ich werde für dich beten," aber ein spontanes Gebet von einem oder zwei selbstformulierten Sätzen mit jemandem macht uns oft Angst.

Manche halten sich zurück, weil sie meinen, sie müssten einen Psalm hersagen können oder ein perfektes Gebet entwerfen, bevor sie ihren Mund öffnen. Manchmal haben die Leute das Gefühl, es gäbe nur eine „richtige Art" zu beten. Doch es ist wichtiger, ein Herz zu haben, das auf Gott gerichtet ist, als vollkommene Worte. Ich meine, wir müssen locker werden, ganz entspannt, so beten, wie wir uns wohlfühlen, und den Herrn bitten, für den Rest aufzukommen.

Die Menschen leiden und wir können helfen. Wir müssen nicht vollkommen sein, bevor wir beginnen, die Gabe des Betens auszuüben. Wir müssen nicht mehr werden, als wir sind. Gott kann uns in diesem Moment gebrauchen, genau dort, wo wir gerade sind. Sobald wir sagen: „Ja, Herr!", wird er uns Gelegenheiten schaffen, um in der Liebe und in dem Dienst wachsen zu können, welcher Ewigkeitswert besitzt.

„Da hörte ich die Stimme des Herrn sprechen: ‚Wen soll ich senden? Und wer wird für mich gehen?' und ich sagte: ‚Hier bin ich. Sende mich.'" (Jes 6,8)

Das Ziel dieses Buches

Von Kindheit an wird einem Katholiken beigebracht, dass er auf der Welt sei, um Gott und den Nächsten zu kennen, zu lieben und zu dienen. Eine der effektivsten Weisen, unsere Liebe zu Gott und für andere auszudrücken, ist, wenn wir direkt mit Menschen für ihre Nöte beten. Es gibt in der Tat keine bessere Art zu evangelisieren. Unser Ziel ist, einfache, grundlegende Geschicklichkeit im Beten mit Menschen in ihrer augenblicklichen Not zu entwickeln. Dies ist kein Trainingsprogramm, um die Menschen auszurüsten, sich mit sehr komplexen Themen im Gebetsdienst zu befassen. Wenn sie das Buch beendet haben, sollten die Leser dazu fähig sein, mit größerer Unbefangenheit auf jemanden zuzugehen und spontan mit ihm zu beten.

Jedes Kapitel hat ein Thema zur tieferen Betrachtung: Evangelisation, geistliche Befähigung, Einfühlungsvermögen, Dienst, Vertrauen, Wachstum und Heiligung. Führe ein Notizbuch, um deine Erfahrungen aufzuschreiben und die Bitten um Gebet, die die Menschen im Lauf der Zeit an dich herantragen. Vergiss nicht, Platz zu lassen für Erfolgsberichte, wenn die Gebete beantwortet wurden. Es wird nicht lange dauern, bis du erstaunliche Veränderungen bei anderen und in deinem eigenen Leben erfahren. Es werden viele Fünf-Minuten-Wunder auf dem Weg geschehen.

Wichtige Punkte:
- Die Welt ist voll von Menschen mit Verletzungen.
- Ein Leben, das man Jesus Christus anvertraut hat, findet Hoffnung.
- Hoffnung kann verstärkt werden durch konkrete Gesten der Liebe.
- Unser eigener Schmerz kann uns dazu motivieren, mit anderen zu beten.

- Wenn wir mit anderen beten, werden wir selbst gesegnet.

Übungen:
1. Bitte Gott im Gebet, dass er dir offenbare, wo deine Schwierigkeiten im Gebet für andere liegen, und bitte ihn, sie zu heilen.

2. Bring täglich die Situation vor Gott und bitte ihn, darin zu wirken, so dass du dich nicht mehr fürchtest.

Herr, gib mir die Gabe der Evangelisation. Öffne meine Augen, mein Herz, meine Ohren, meinen Willen für die Bedürfnisse und Nöte der anderen. Gib mir einen Eifer, auf andere zuzugehen und sie mit deiner heilenden Liebe zu berühren. Danke, Herr. Amen.

2. Der Hl. Geist macht uns fähig

„Zum Vollzug dieses Apostolates schenkt der Heilige Geist, der ja durch den Dienst des Amtes und durch die Sakramente die Heiligung des Volkes Gottes wirkt, den Gläubigen auch noch besondere Gaben (vgl. 1 Kor 12,7); „einem jeden teilt er sie zu, wie er will" (1Kor 12,11), damit „alle, wie ein jeder die Gnadengabe empfangen hat, mit dieser einander helfen" und so auch selbst „wie gute Verwalter der mannigfachen Gnade Gottes" seien (1 Petr 4,10) zum Aufbau des ganzen Leibes in der Liebe (vgl.Eph 4,16)."
(II. Vatikanisches Konzil, Dekret über das Laienapostolat „Apostolicam actuositatem", Kapitel 1, Artikel 3)

Thema: Bevollmächtigung (befähigen; Mittel oder Gelegenheiten zur Verfügung stellen; möglich machen; mich fähig machen, dass ich etwas tun kann): „… ihr werdet Kraft empfangen, wenn der Heilige Geist auf euch herabkommt; und ihr werdet meine Zeugen sein … bis an das Ende der Welt." (Apg 1,8)

Obwohl ich vor vielen Jahren zur katholischen Kirche konvertierte, war das keine Bekehrung des Herzens bis zu dem Zeitpunkt, als mein Stiefsohn starb. Ein paar Tage nach Randys Beerdigung, in äußerster Verzweiflung, schaltete ich den Fernseher ein. Ein christlicher Evangelist war gerade dabei, ein Gebet der Hingabe zu sprechen. Ich kniete hin und betete mit ihm: „Jesus, ich bitte dich um Verzeihung für all die Dinge, die ich getan habe, die dich verletzt haben. Ich bereue meine Sünden.

Ich wende mich von meinen Sünden ab und wende mich ganz dir zu. Bitte komm du in mein Herz und sei der Herr meines Lebens. Ich nehme dich an als meinen Herrn und Retter. Bitte erfülle mich mit deinem Heiligen Geist. Danke, Jesus, Amen."

Das war für mich ein wahrhaftiges Fünf-Minuten-Wunder – das größte meines Lebens! Meine Liebe für die christliche Gemeinschaft und die Kirche begann aufzublühen. Mit einem Mal sehnte ich mich nach Freundschaft. Mein erstes Gebet, „Herr, gib mir Freunde", wurde tausendfach erhört.

Eines Morgens fiel ich in der Kirche einer völlig fremden Frau im wahrsten Sinne des Wortes in die Arme. Maria Augusta nahm mich mit zu sich nach Hause, um mit mir bei einer Tasse Kaffee zu plaudern und gemeinsam zu beten. Anfangs sehr vorsichtig begann ich, diese Sache, die man Freundschaft nennt, auszutesten. Nachdem ich ihr einige wenige Dinge aus meinem Leben erzählt hatte, beobachtete ich sehr genau, ob sie mich jetzt immer noch gern hatte. Und sie nahm mich daraufhin einfach in den Arm und weinte mit mir. Dann erzählte auch sie mir von ihren schmerzhaften Erfahrungen und wie Jesus ihr in diesen Situationen geholfen hat. Dann betete sie ein einfaches Gebet um Heilung für mich. Irgendwann wusste sie dann alles über mich und ich konnte mir ganz sicher sein, dass sie mich deshalb nicht weniger lieb hatte. Irgendetwas tief in meinem Innern wurde durch meine Freundschaft mit Maria Augusta geheilt. Die Zeit, die wir miteinander verbrachten, war für uns beide sehr heilsam. Als ich mein Gebet der Hingabe sprach, habe ich damit mein Leben in die Fürsorge Jesu übergeben und um eine Ausgießung des Heiligen Geistes gebetet, der allen versprochen ist, die darum bitten: „... Wieviel mehr wird der Vater im Himmel den Heiligen Geist denen geben, die ihn bitten" (Lk 11,13b). Was sich auf dieses Gebet hin zuallererst einstellte, war eine starke Sehnsucht nach Gemeinschaft und eine neue Liebe zu anderen Menschen. Als zweites bekam ich ein ganz neues, enges Verhältnis zur Heiligen Schrift. Ich verbrachte unzählige Stunden damit, in der Bibel zu lesen. Sie wurde lebendig für mich. Durch das Wort Gottes wurde mein Inneres gereinigt und verändert. Tief verschüttete Bereiche in meinem Leben wurden durch die Liebe Jesu reingewaschen und geheilt. Ich trat von neuem ins Leben ein.

Als nächstes fiel mir auf, dass mein Gewissen immer sensibler wurde. Dinge, die ich vorher gedankenlos getan hatte, konnte ich nun nicht mehr länger tun, ohne dabei ein schlechtes Gewissen zu bekommen. Dinge wie falsche innere Haltungen, unmoralische Gedanken, Bitterkeit, Unversöhnlichkeit, Lügen usw. begannen, meinen Geist zu verwunden. Ich sehnte mich danach, mit gleichgesinnten Menschen zusammen zu sein, um mit ihnen zu singen, den Herrn zu loben und zu beten. Diese Menschen wurden wie eine große Familie für mich.

Trainings-Zentren für Fünf-Minuten-Wunder

Maria Augusta nahm mich zu verschiedenen Gebetstreffen mit, die bald schon eine sehr wichtige Rolle in meinem Leben einnahmen. Während eines „Leben-im-Geist"-Seminars beteten wir für ein Pfingsterlebnis, so wie es in der Apostelgeschichte beschrieben wird, als der Heilige Geist die Apostel erfüllte und sie dazu bevollmächtigte, durch ihre Predigten und Heilungen als Zeugen in der Welt zu wirken. Wir durften die Erfahrung machen, dass derselbe Geist auch uns dazu befähigen kann, für Gott Wunder zu tun.

Ich hatte schon früher gelernt, dass der Heilige Geist unser Fürbitter ist, der uns beten hilft: „... So nimmt sich der Geist auch unserer Schwachheit an. Denn wir wissen nicht, worum wir in rechter Weise beten sollen; der Geist selber tritt jedoch für uns ein mit Seufzen, das wir nicht in Worte fassen können. Und Gott, der die Herzen erforscht, weiß, was die Absicht des Geistes ist: Er tritt so, wie Gott es will, für die Heiligen ein" (Röm 8,26.27). Danke, Jesus, für das Geschenk deines Geistes!

In diesen Gebets- und Anbetungszeiten konnte ich alle möglichen Arten von Heilungen miterleben, die aufgrund einfacher Gebete zum Vater, durch den Sohn und in der Kraft des Heiligen Geistes geschahen. Das lief für gewöhnlich so ab, dass einer von seiner Not berichtete (seine Anliegen vorbrachte) woraufhin sich eine oder mehrere Personen um diesen scharten und in einfachen Gebeten diese Situation in die Hände des Himmlischen Vaters legten. Oft wurden kranke Menschen geheilt oder es trat zumindest eine deutliche Besserung ein. Manchmal hatte auch einer der Beter den Eindruck, demjenigen, für den gebetet wurde, ein bestimmtes Wort mitzuteilen, das ihn von einer Last erlöste. Zeitweise war die Kraft Gottes in solcher Intensität zu spüren, dass die Personen, für die gebetet wurde, in einen Zustand des tiefen Ruhens eintraten. Während solch tiefen Begegnungen mit dem Heiligen Geist wurden die „Ruhenden" gleichzeitig auch oft körperlich, seelisch und geistig geheilt.

Für neu hinzugekommene Personen war das oft etwas sehr Ungewöhnliches, Befremdliches. Doch sie beobachteten, hörten zu und lernten; dann wurden auch sie dazu eingeladen mitzumachen. Gerade auch schüchterne und im Gebet unerfahrene Menschen wurden in solchen Gebetstreffen, in denen diese unkonventionelle Art des Gebetes stark gefördert wurde, geschult. Oft streckten sie sich daraufhin aus, hinauszugehen und auch außerhalb der Gebetsgruppen mit anderen Menschen zu beten. Gebetstreffen können sehr effektive „Schulungszentren" dafür sein, dass Menschen in diesen Dienst der Fünf-Minuten-Wunder hineinwachsen und dafür ausgebildet werden.

Auf Gott hören

Bei unseren Gebeten für andere Menschen wurde uns beigebracht, mit beiden Ohren zu hören: mit einem auf Gott, mit dem anderen auf unser Gegenüber. Sehr oft kommt natürlich die Frage auf: „Wie kann ich Gott hören?", „Auf welche Art und Weise spricht er zu mir?". Des öfteren bekomme ich auch zu hören: „Was meinst du damit, Gott habe zu dir gesprochen?".

Sieh es einfach so: Er ist die beständige, leise Stimme in unserem Herzen. Er ist in den Gedanken, die uns der Heilige Geist eingibt. Es ist so und kein bisschen komplizierter. Manche beschreiben es als „ein Gedanke, der ihnen kam" oder als „eine Idee, die ihnen ganz plötzlich einfiel". Andere verbinden es mit der Stimme ihres Gewissens, wie es in den Dokumenten des II. Vatikanischen Konzils erwähnt wird: „Im Innern seines Gewissens entdeckt der Mensch ein Gesetz, das er sich nicht selbst gibt, sondern dem er gehorchen muss, und dessen Stimme ihn immer zur Liebe und zum Tun des Guten und zur Unterlassung des Bösen anruft und, wo nötig, in den Ohren des Herzens tönt: Tu dies, meide jenes. Denn der Mensch hat ein Gesetz, das von Gott seinem Herzen eingeschrieben ist, dem zu gehorchen eben seine Würde ist und gemäß dem er gerichtet werden wird (II. Vatikanisches Konzil, Dekret über die Kirche in der Welt von heute „Gaudium et spes", Kapitel 1, Artikel 16).

Bei unseren Gebeten mit anderen wird Jesus uns auf verschiedene Weise führen: durch Gedanken oder Worte in unserem Herzen, Schriftstellen, die für uns plötzlich „lebendig" werden, Eindrücke, Anstöße, drängende Bedürfnisse, Gefühle. Er spricht auf vielerlei verschiedene Weisen.

In der folgenden Geschichte finden wir ein Beispiel von diesem „Hören" auf Gott in non-verbaler Form. Während der Fahrt mit einer Freundin zu deren Sommerhütte hatte ich mit einem Mal ein unerklärliches Bedürfnis zu beten. Nach einer weiteren Stunde Fahrt bekam meine Freundin plötzlich sehr große Lust anzuhalten, um aus einem ganz bestimmten Männermode-Geschäft ihrem Mann etwas mitzubringen. Während der Verkäufer das Geschenk einpackte, fing ich ein kleines Gespräch mit ihm an und erfuhr dabei, dass dieser Mann ein ehemaliger katholischer Priester war. Neugierig fragte ich ihn: „Was haben Sie gemacht, sind Sie ausgetreten um zu heiraten?" Als ich dann erfuhr, dass er nie geheiratet hatte, wurde ich irgendwie innerlich dazu getrieben ihn zu fragen „Warum kehren Sie dann nicht zurück?", worauf er zugab, dass er tatsächlich eine große Sehnsucht danach verspürte. Ich fragte ihn: „Könnten wir nicht im Auto noch zusammen beten, bevor wir weiterfahren?" Er war damit einverstanden. So saßen wir drei dann zusammen im Auto und reichten uns die Hände, als ich ganz einfach betete: „Herr, du hast einen Plan für Bobs Leben. Wir beten darum, dass dieser dein perfekter Plan Wirklichkeit wird. Wir danken dir und preisen dich für das Geschenk dieser Zeit, die wir hier miteinander hatten. Amen." Nach diesem Gebet saßen wir einfach noch eine Weile still zusammen und genossen die Gegenwart Gottes, die so spürbar da war, seitdem wir zu beten angefangen hatten. Von dem Tag an, dieser kurzen Gebetszeit in unserem Auto auf dem Parkplatz eines Einkaufszentrums hat sich vieles im Leben dieses Mannes auf wunderbare Weise verändert. Für mich ist das ein wundervolles Beispiel für ein Fünf-Minuten-Wunder.

Wie wir den Herrn während der ganzen Zeit der Begegnung „gehört" hatten, war nicht durch hörbare Worte, sondern viel mehr durch leise Impulse, Stupfer und Aufforderungen, Eindrücke, Gefühle und innerliches Drängen. Im Rückblick auf dieses Geschehen konnten wir ganz klar in jedem Schritt das Handeln Gottes erkennen – vom ersten Impuls an bis hin zu meiner Entscheidung in letzter Minute, Bob ein Gebetbüchlein zu geben, in dem meine Telefonnummer stand. Dadurch wurde es ihm möglich, später mit uns in Kontakt zu treten.

„Woher wissen wir, dass das, was wir hören, auch tatsächlich vom Herrn ist?" Diese Frage wurde auf einem Workshop in Arizona gestellt. Die folgende Antwort kam von einem anderen Teilnehmer: „Es ist so, wie man die Gegenwart eines guten Freundes spürt. Wenn ein Freund den Raum betritt, so nimmt man doch eine einzigartige Vertrautheit wahr, auch wenn man den Freund in diesem Moment gar nicht mit den Augen sieht. So ist es auch mit dem Herrn." Jesus sagt in Joh 10,4 : „... und die Schafe folgen ihm; denn sie kennen seine Stimme." Wenn wir viel Zeit mit ihm verbringen in enger persönlicher Gemeinschaft, so werden wir lernen, seine Stimme und seine Gegenwart zu erkennen. Und mit dem Wachstum unserer Beziehung wird auch dieses Wissen zunehmen. Es ist oft so, dass sich, während ich über eine Schriftstelle nachsinne oder in stillem Gebet dasitze, einfach ein Wort der Ermutigung in meinen Gedanken einnistet. Es ist gut, dabei ständig ein Notizbuch in greifbarer Nähe zu haben und diese Eindrücke aufzuschreiben, um dann später darüber nachdenken zu können.

Wenn Jesus spricht, dann werden diese Worte oder Eindrücke Liebe ausdrücken, nicht Verdammnis. Sie werden eine tröstende, ermutigende oder inspirierende Botschaft vermitteln. Selbst eine Ermahnung wird immer mit einer liebevollen „Umarmung" einhergehen.

Wir alle wissen, dass nicht alles, was uns in den Sinn kommt, vom Herrn stammt. Aber je inniger unsere Beziehung zu Jesus wird durch unsere Gebetszeiten und unser Bibelstudium, umso deutlicher werden wir erkennen können, welche Gedanken dem Wesen und Charakter Jesu entsprechen. „… einem Fremden aber werden sie nicht folgen, sondern sie werden vor ihm fliehen, weil sie die Stimme des Fremden nicht kennen" (Joh 10,5).

Natürlich geht dieses Thema noch viel weiter über all dies hinaus, aber das hier soll für jetzt einfach erst einmal eine Ermutigung sein. Wenn wir beginnen auf Menschen zuzugehen um mit ihnen zu beten, dann wird uns der Heilige Geist wunderbar auf verschiedenste Weise helfen, vor allem durch Worte der Heilung, Hoffnung und Ermutigung für Menschen in Not.

Gaben zur Freisetzung von Fünf-Minuten-Wundern
Der Heilige Geist rüstet uns mit Gaben für unseren Dienst aus, wie sie in 1 Korinther 12 aufgelistet sind: Zungenrede, Prophetie, Auslegung der Zungenrede, Worte der Erkenntnis, Weisheit, Glaube, Heilung und Wunder. Die Gaben des Geistes aus Jes 11,2, die man im Allgemeinen als solche bezeichnet (Weisheit und Einsicht, Rat und Stärke, Erkenntnis und Gottesfurcht) zielen in erster Linie auf unsere persönliche Heiligung. Wenn wir unser Leben Jesus als unserem Herrn übergeben, wird sein ganzes Wesen uns mehr und mehr durchdringen.
Die oben aufgezählten Gaben sind alles Aspekte von Jesu Wesen, der in uns wohnt. So bitte ich Jesus, wann immer ich mit jemandem bete, dass er all jene Gaben des Dienstes freisetzen möge, die nötig sind, um seinen Plan in diesem Moment auszuführen.

Die Gabe des Zungenredens als Gebetssprache ist für mich zu einer wertvollen Hilfe geworden, sowohl in meinen persönlichen Gebetszeiten als auch im Gebet mit anderen. Es gibt da eine lustige Geschichte, die vielleicht hilfreich sein kann, diese Gabe etwas besser verstehen zu können. Ein Freund betete zum Herrn, während er sich zur Arbeit richtete, dass er jede Gabe haben wolle, bloß nicht die des Zungenredens. Als er dann im Badezimmer stand und sich die Zähne putzte, hörte er den Herrn in seinem Herzen, wie er sprach: „Ich habe jetzt die ganzen Jahre zu dir in deiner Sprache gesprochen. Weigerst du dich nun, zu mir in meiner Sprache zu reden?" Zuerst musste mein Freund lachen, dann aber weinte er und etwas tief in seinem Innern war plötzlich frei und er fing an in Sprachen zu beten, während Zahnpasta seine Wangen herablief.

In geheimnisvoller Weise scheint das Sprachengebet die spezielle geistliche Sprache des Herrn zu sein, für jeden einzigartig und verschieden von anderen, die uns jedoch in eine tiefere, innigere Beziehung zu ihm hineinzieht und uns geistig öffnet, so dass andere Gaben daraus hervorgehen können. Sie ist nicht etwas Erlerntes oder Verdientes, sondern ein Geschenk, das wir erbitten und in dem wir uns gebrauchen lassen können und das wächst, während man es gebraucht.

Eine wundervolle Gabe beim Gebet für andere ist die „Gabe der Erkenntnis". Während wir mit jemandem beten, hören wir in unserem Herzen Worte wie etwa „Vergebung" oder „Bruder" usw. Dadurch will der Herr uns vielleicht sagen, dass die Person, für die wir gerade beten, vergeben muss, oder dass Heilung nötig ist in Bezug auf ihren Bruder. Wenn so etwas geschieht, dann bitte den Herrn um seine Weisheit, um richtig damit umgehen zu können. Sämtliche Gaben des Dienstes sind dazu da, Menschen zu heilen und ihr Leben wiederherzustellen.

Wenn wir unser Leben unter die Führung des Heiligen Geistes stellen, dann bringt er die Erleuchtung Jesu in unseren Geist, hilft uns, uns selbst zu verstehen, zeigt uns, wie wir leben sollen und macht uns fähig, anderen zu dienen. Je mehr wir uns ihm hingeben, umso mehr kann er uns zum Dienst befähigen.

Wichtige Punkte:
- Wenn wir uns Jesus hingeben, beginnt sich unser Leben anderen gegenüber zu öffnen.

- In den Gebetsgruppen bieten sich viele Möglichkeiten, in unserer Fähigkeit zu wachsen, wie wir für andere beten können.
- Je mehr Zeit wir in persönlichem Gebet mit Jesus verbringen, desto besser werden wir seine Stimme und seine Gegenwart erkennen.
- Wann immer wir es wagen, mit anderen zu beten, hilft uns der Heilige Geist durch vielfältige Gaben.
- Die Gaben des Dienstes dienen der Heilung von Menschen und zur Wiederherstellung ihres Lebens.

Übungen:
1. Sinne täglich über die große Liebe Gottes für dich nach, bis du sie als Wahrheit in deinem eigenen Leben aufgenommen hast.
2. Bitte Jesus, dass er seinen Heiligen Geist über dich ausgießt, wie er es bei den Aposteln an Pfingsten und bei Menschen über die ganzen Jahrhunderte hinweg getan hat.

Himmlischer Vater, ich danke dir für mein Leben. Danke für die Gnade, dass ich es in deine Hände legen darf. Danke, dass du in mir das Verlangen geweckt hast zu schenken. Liebender Vater, ich brauche deine Kraft in meinem Leben. Schmelze mich, forme mich, fülle mich, gebrauche mich. Setze in mir deine Gaben des Dienstes frei und gib mir die Einsicht, sie mit Weisheit und Liebe zu gebrauchen. Danke, dass du mir Möglichkeiten auftust, deinem Volk in einer Weise zu dienen, die dich verherrlicht. In Jesu Namen bete ich. Amen.

3. Vorbereitendes Gebet

„Da die Werke der Liebe und der Barmherzigkeit ein hervorragendes Zeugnis christlichen Lebens darstellen, muss die apostolische Bildung auch zur Ausübung dieser Werke anleiten, damit die Gläubigen schon von Kindheit an lernen, mit ihren Brüdern mitzuleiden und ihnen in der Not großmütig zu Hilfe zu kommen."
(II. Vatikanisches Konzil, Dekret über das Laienapostolat „Apostolicam actuositatem", Kapitel 6, Artikel 31c)

Thema: Empathie (Fähigkeit, an den Gefühlen anderer teilzuhaben, Sympathie, Mitgefühl): „... Dann kam ein Mann aus Samarien, der auf der Reise war. Als er ihn sah, hatte er Mitleid, ging zu ihm hin, goß Öl und Wein auf seine Wunden und verband sie. Dann hob er ihn auf sein Reittier, brachte ihn zu einer Herberge und sorgte für ihn." (Lk 10,33-34)

Einer meiner Freunde wurde einmal gefragt: „Warum hast du bloß den ganzen Tag über so viele Gelegenheiten, für Leute zu beten? Mir passiert das nie." Seine Antwort war: „Weil ich den Herrn darum bitte, mir Menschen zu schicken. Du auch?" Der andere sagte: „Nein. Daran habe ich noch gar nie gedacht, darum zu bitten." Wir können jeden Tag damit beginnen, dass wir den Herrn bitten, uns Menschen zu schicken, die Gebet brauchen:
„Herr, ich lege diesen Tag vor dich hin. Ich bitte dich – sende heute einen leidenden Menschen zu mir und gib mir die Gnade, die Weisheit und den Mut, seine Nöte zu erkennen und in einer Weise darauf zu einzugehen, die

dich verherrlicht. Bitte bereite du uns beide auf diese Begegnung vor. Öffne du die Türe und schaffe du für uns die Gelegenheit zu beten. Danke, Herr. Amen."

Auf meinen Vortragsreisen gehört es für mich immer zur Vorbereitung mit dazu, dass ich Jesus bitte, mich mit den Herzen meiner Zuhörer zu verbinden. Einmal erzählte der Priester, der die Messe bei dieser Veranstaltung mit uns feierte, ich sei „einer der am wenigsten bedrohlich wirkenden Gastredner, die er je gehört hatte!" Lasst uns den Herrn bitten, dass er eine Atmosphäre der Wärme und Geborgenheit um uns herum schaffe, so dass die Menschen, für die wir beten, ihr „Auf-der Hut-sein" ablegen und sich entspannen können. Versuche dir vorzustellen, wie dein Herz sich ausstreckt und Menschen dort hineinzieht, wo Jesus wohnt. Das schafft eine warme Atmosphäre und kann überall stattfinden – sogar an der Kasse im Supermarkt, in der Kaffeepause oder am Telefon.

Gebet mit einem Partner zusammen
Es ist von großem Wert, mit einem Partner zu beten. Einige Vorteile davon sind zum Beispiel: stärkere Kraft, Schutz und Unterscheidung. Der Herr hat die Apostel zu zweit ausgesandt. Wenn meine Gebetspartnerin Barbara und ich zusammen beten, haben wir es uns zur Gewohnheit gemacht, vorher reinen Tisch zu machen. Mit unseren verschiedenen Gebetsstilen und Persönlichkeiten geschieht es so schnell, dass wir einander auf die Nerven gehen. So fragen wir einander jedes Mal, wenn wir uns auf den Weg zum gemeinsamen Gebet für jemand anderen machen: „Hast du etwas gegen mich?" und arbeiten das dann zuerst einmal auf. Nachdem unse-

re Einheit wiederhergestellt ist, sind wir erst fähig, für andere zu beten.

Der Schlüssel hierfür ist, irgendwie über unsere Persönlichkeit hinauszugelangen und den anderen mit den Augen Jesu zu sehen. Als ich einmal krank war, schickte der Herr ausgerechnet eine bestimmte Person zu mir, der ich vorher wegen ihrer rauhen Art so weit als möglich aus dem Wege gegangen war. Ich wurde geheilt! Jesus hatte mir etwas sehr Wichtiges beigebracht!

Im Gebet mit anderen zusammen liegt sehr große Kraft. Und indem wir weiterhin Mauer um Mauer aufgeben, werden wir auch mehr und mehr Wunder erleben.

Eine andere wichtige Lektion zur Vorbereitung können wir aus der Erfahrung meiner Mutter mit meinem Vater lernen. Sie kämpfte fünfzig Jahre lang in ihrer äußerst schwierigen Ehe und betete immerfort: „Herr, lehre mich zu lieben." Als sie eines Tages ihre Sachen packen und gehen wollte, sagte der Herr zu ihr: „Irgendwann musst du es ja lernen. Warum nicht gerade jetzt." Und er sprach weiter: „Du kannst es nicht aus eigener Kraft schaffen. Willst du deinen Mann lieben? Dann liebe ihn mit meiner Liebe. Musst du ihm vergeben? Nimm meine Vergebung. Alle meine Kraftquellen sind dir zugänglich, weil ich in dir lebe, um dich dazu fähig zu machen." Es folgten viele Jahre des Hineinwachsens in das Leben Jesu, das ihr durch Gottes Geist geschenkt wurde.

Dabei ist es wichtig, immer wieder daran zu denken, dass wir beten: „Herr, ich kann es nicht aus eigener Kraft. Bitte vollbringe du es durch mich."

Dies gilt sowohl für unsere eigenen Nöte, als auch für die

der anderen. Hingegeben und demütig, unsere Augen auf Jesus gerichtet, dürfen wir beten: „Herr, ich kann deine Leute nicht heilen. Heile du sie durch mich. Ich kann nicht lieben. Liebe du durch mich. Ich kann keine Veränderungen herbeiführen. Mache du mich zu einem Werkzeug der Veränderung. Ich kann die Menschen selbst nicht erreichen. Erreiche du sie durch mich." Dies ist das Geheimnis der wunderwirkenden Kraft.

Wichtige Punkte:
- Viele Menschen beginnen den Tag mit der Bitte, der Herr möge ihnen Menschen senden, die Gebet brauchen.
- Schaffe eine warme Atmosphäre um dich, so dass Menschen ihr Mißtrauen loslassen und sich entspannen können.
- Gebet in Einheit mit einem Partner ist stark und wirksam.
- Vorbereitendes Gebet richtet uns auf Jesus aus und öffnet uns dafür, Werkzeug der Heilung für andere zu sein.
- Das Wichtigste ist, sich immer bewusst zu sein, dass Jesus dieses Werk durch uns vollbringt.

Übungen:
1. Bedenke, dass die beste Vorbereitung deine Beziehung zu Jesus ist. Bete um die Fähigkeit, dich von seinem Wesen leiten zu lassen.
2. Sinne lieber über Gottes große Liebe nach als über das Problem. Gott kann aus seiner Liebe heraus sprechen.

„Du liebender himmlischer Vater, durch das Blut Jesu komme ich zu dir voller Lobpreis, Anbetung und Bewunderung. Mache mich frei von allem, was deinem Plan entgegensteht – alles was aus dem Fleisch kommt, von der Welt oder vom Bösen. Danke, dass du deinen Heiligen Geist sendest, um mich zu stärken und zu führen, damit ich deine Liebe weitergeben kann. Hilf mir, deine Liebe so ausdrücken zu können, dass dies uns zu einem neuen Bewusstsein deiner Gegenwart in unserem Leben führt. Danke, dass du deine besonderen Gaben des Dienstes freisetzt, die wir brauchen, um deinen Plan auszuführen. Danke, Jesus, für dein Versprechen, dass du mit uns sein wirst, wenn wir uns in deinem Namen versammeln. Dein Wunsch, dass wir heil sind, ist sogar noch stärker als unser eigener Wunsch danach. Sei du verherrlicht in unserem Leben und in der Zeit, die wir nun miteinander verbringen. Amen."

Gebet des Heiligen Franziskus:
Herr, mach mich zu einem Werkzeug deines Friedens,
dass ich liebe, wo man hasst;
dass ich verzeihe, wo man beleidigt;
dass ich verbinde, wo Streit ist;
dass ich die Wahrheit sage, wo Irrtum ist;
dass ich Glauben bringe, wo Zweifel droht;
dass ich Hoffnung wecke, wo Verzweiflung quält;
dass ich Licht entzünde, wo Finsternis regiert;
dass ich Freude bringe, wo der Kummer wohnt.
Herr, lass mich trachten,
nicht, dass ich getröstet werde, sondern dass ich tröste;
nicht, dass ich verstanden werde, sondern dass ich verstehe;
nicht, dass ich geliebt werde, sondern dass ich liebe.
Denn wer sich hingibt, der empfängt;
wer sich selbst vergisst, der findet;
wer verzeiht, dem wird verziehen;
und wer stirbt, der erwacht zum ewigen Leben.

4. Wie sollen wir beten?

„Das Heilige Konzil beschwört also im Herrn inständig alle Laien, dem Ruf Christi, der sie in dieser Stunde noch eindringlicher einlädt, und dem Antrieb des Heiligen Geistes gern, großmütig und entschlossen zu antworten." (II. Vatikanisches Konzil, Dekret über das Laienapostolat „Apostolicam actuositatem", Kapitel 6, Artikel 33)

Thema: Dienst (sich um die Bedürfnisse anderer kümmern; Arbeiten füreinander erledigen; helfen): „… dient einander in Liebe." (Gal 5,13)

Stell dir einmal vor, du bist im Gespräch mit einem Kollegen, vielleicht in der Kaffee- oder Mittagspause. Der andere erzählt dir, dass ihn eine persönliche Sache sehr belastet. Du hast den Eindruck, dass der Heilige Geist dich dazu auffordert, irgendwie darauf zu reagieren. Also bete im Stillen ein Gebet zur Vorbereitung und mache dann den Vorschlag: „Könnten wir gemeinsam beten und Jesus um Hilfe bitten?"
Berührungen sind ein sehr wichtiges Zeichen, um Gottes Liebe mitzuteilen. Wenn es möglich ist, lege ganz sanft deine Hand auf die Schulter oder auf die Hand des anderen. Das drückt auf liebevolle Weise aus, dass ihr gemeinsam vor Gott tretet. Auf einem öffentlichen Platz kann man sein Gegenüber beruhigen: „Die anderen werden denken, dass wir einfach nur in ein Gespräch vertieft sind." Versuche es, so einfach wie in einem normalen Gespräch zu sagen: „Herr, zeige uns, wie wir beten sollen. Danke für deine Liebe und dein Licht. Bring deinen

Frieden und deine Heilung in diese Situation hinein. Wir wissen, dass für dich nichts unmöglich ist und wir danken dir, dass du jetzt gerade an dieser Sache, um die es uns geht, am Wirken bist. Amen."

Manchmal wird das Gebet auch einfach lauten: „Herr, du kennst das Problem dieses Menschen. Bitte, kümmere du dich darum." Manchmal ist es auch hilfreich, sich als kleines Kind zu sehen, das voller Vertrauen zu seinem liebenden Papi rennt, damit dieser einen Schmerz heilt. Es muss nicht hochgeistlich sein. Gebet ist ein Gespräch mit Gott, darum lasst es doch einfach auch so ungezwungen sein, als ob wir einen Freund um einen Gefallen bitten würden: „Herr, hilf uns." Das Wichtigste ist, dass ihr gemeinsam vor Gott tretet und ihm eure Bitten vortragt. „Sorgt euch um nichts, sondern bringt in jeder Lage betend und flehend eure Bitten mit Dank vor Gott!" (Phil 4,6).

Der Herr wird euch manchmal auch noch etwas in den Mund legen, das ihr sagen sollt oder vielleicht sogar ein Bild oder einen Eindruck. Frage ihn in diesem Fall, ob er möchte, dass du es dem anderen mitteilst, oder ob du einfach nur im Stillen dafür beten sollst. Hast du zum Beispiel den Eindruck, dass da im anderen eine Angst ist, könntest du vorsichtig nachhaken: „Ich habe das Gefühl, dass da eine Angst in dir ist, kann das sein?" Wenn es so ist, dann könntest du beten: „Jesus, gehe du jetzt bis in die Wurzeln dieser Angst. Danke, dass du deine heilende Liebe mitten in diese Angst hineingießt." (Beim Beten finde ich mich oft mehr am Danken als am Bitten, weil er uns immer zum Geheilt-Sein hinführt.)

Oder du hast den Eindruck eines gebrochenen Herzens. Wiederum könntest du sagen: „Ich habe das Gefühl, dass dein Herz irgendwie gebrochen wurde. Darf ich dafür beten?" Dann könntest du in einem einfühlsamen Gebet bitten, dass der Herr die tiefste Ursache dieses gebrochenen Herzens berühren und heilen und seine Liebe dort hineingießen möge.

Während eines Seminars über das Thema „Gebet für andere" bat ich einmal, dass sich jemand freiwillig zur Verfügung stellen möge, damit ich gleich ganz praktisch mit ihm beten könnte. Eine Frau meldete sich. Als ich dann vor der ganzen Gruppe mit ihr betete, hatte ich den Eindruck eines grünen Feldes, das in der Mitte durch einen Zaun geteilt wurde. Nachdem ich dieses Bild beschrieben hatte, fragte ich sie, ob es ihr etwas sagen würde. Sie antwortete: In unserer Familie herrscht Spaltung." Ich fragte: „Darf ich in diese Situation hinein beten?" Und mit ihrem Einverständnis bat ich den Herrn, jegliche Mauern der Feindschaft in dieser Familie niederzureißen (Eph 2,17) und wieder Einheit und Frieden einkehren zu lassen. Wie man sieht, habe ich hier nicht versucht, diese Vision für die Frau zu deuten, sondern habe die Interpretation ihr überlassen.

Wenn ich um Heilung bete, so bitte ich den Herrn grundsätzlich, die Wurzel des Problems zu heilen, nicht nur die Symptome, und somit den ganzen Menschen – Körper, Geist und Seele – wiederherzustellen. Die Person, für die wir beten, soll dazu ermutigt werden, Gott zu erlauben, dass er in die jeweiligen Umstände eingreifen darf und dass sie dazu bereit ist, sich den Hindernissen, die Gottes heilender Liebe im Weg stehen, zu stellen und an ihnen zu arbeiten. Abschließend könnte man etwa folgendes Gebet sprechen: „Herr, ich danke dir und preise dich für deine Liebe, für alles, was du getan hast und weiterhin tun wirst in unserem Leben. Amen."

Unter Umständen ist es sehr hilfreich, das Gegenüber um eine Rückmeldung zu bitten: „Was ist in Ihnen während des Gebets vorgegangen? Haben Sie sich während des Gebets wohlgefühlt oder hatten Sie eher ein komisches Gefühl dabei?" Von der Antwort können in der Regel beide etwas lernen.

In Liebe eingehülltes Gebet
Eines Mittags saß ich mit meiner Freundin im Cafe und erzählte ihr von schwierigen Bereichen in meinem Leben. Während einer Gesprächspause streckte sie ihre Hand aus, berührte die meine und fragte ganz einfach: „Darf ich für dich beten – jetzt und hier?" Ich war völlig überwältigt von der Liebe und dem Mitgefühl, die aus ihrer Stimme sprachen. In den nächsten paar Minuten hob sie einfach all die Bereiche, in denen ich Hilfe brauchte, zum Herrn empor und betete dann im Stillen weiter. Es waren gar nicht so sehr ihre Worte, welche mich zutiefst berührten, sondern die Art, wie diese in Liebe eingehüllt waren. Nach einem Moment der Stille fragte sie sanft: „Ich spüre, dass der Herr eine Unsicherheit in deinem Leben heilen will. Darf ich auch dafür beten?" Ich nickte und fügte noch hinzu: „Unsicherheit war schon immer ein leidiges Thema in meinem Leben." Sie bat den Herrn, dass er die tiefste Wurzel und Ursache meiner Unsicherheit berühren und mich an dieser Stelle mit seiner heilenden Liebe und Kraft füllen solle. Das Gebet dauerte nicht länger als ein paar Minuten. Aber die Auswirkungen dauern noch bis heute fort.

Nancy und der Verkäufer

Nancy stand gerade an der Kasse eines Supermarktes um zu zahlen und unterhielt sich dabei mit dem jungen Kassierer. Als er ihr das Rückgeld gab, sagte sie ganz einfach: „Segne ihn, Herr." In diesem kurzen Satz fühlte der Kassierer sich als Person vollständig angenommen. Vielleicht war er gerade „niedergemacht worden" und dieses „Segne ihn, Herr" hat ihn wieder aufgerichtet. Daraufhin gestand er Nancy, er habe schon ziemlich lange keine Kirche mehr von innen gesehen. „Was ich aber wirklich super nett von ihnen finden würde," sagte er, „wäre, wenn sie für ein bestimmtes Mädchen beten würden, das ich gerne mag. Aber sie nimmt überhaupt keine Notiz von mir." Nancy fing auf der Stelle vor ihm an, laut zu beten: „Herr, berühre du das Herz dieses Mädchens und öffne du die Tür, dass dein Wille, der unser Bestes will, geschehen kann." Als Nancy sich dann verabschiedete, grinste er und sagte, „Ich denke, ich werde sie zum nächsten Theaterstück in der Kirche einladen. Er hatte sich von der Kirche abgewendet und durch diese kurze Begegnung begann er innerlich die ersten Schritte wieder auf Gott zu.

Bettys Berichte über ihre Erfahrungen mit Ben lassen sehr viel Weisheit und Hoffnung durchblicken. Wir können beim näheren Betrachten dieser Geschichte sehr viel lernen.

Jesus und Ben

„Irgendwie rannte ich ständig in Ben hinein, wenn ich im ‚Safeway'-Supermarkt einkaufen war. Er pflegte mich dann immer aufzuziehen indem er mich eine katholische, heilige Dampfwalze nannte, woraufhin ich ihn damit aufzog, dass er in der täglichen Messe immer nur in der letzten Bank saß. „Nein, ich kann nicht näher dran sitzen, ich könnte dabei ja umkommen." Eines Tages sagte er zu mir „ich habe Gicht. Nein, bete nicht für mich, aber denk an mich. Ich muss es einfach loswerden." Ich sagte „In Ordnung, ich werde Gott bitten, dass er dir einen Weg aufzeigt, wie du es loswerden kannst." Worauf er erwiderte „ich werd's probieren". Als ich mich dann verabschiedete sagte ich noch: „Ich habe für deine Zeitung gebetet. Laß es mich wissen, ob es funktioniert hat."

Ben hatte immer Angst, dass etwas von Gott ihn anrühren oder ihm zu nahe kommen könnte, und doch konnte er den Kontakt zu mir nicht aufgeben. Drei Tage später sagte er zu mir im Markt: „Das war eine sehr gute Lösung. Es hat wirklich geholfen." Lächelnd erwiderte ich „natürlich habe ich auch für dich gebetet." Er schüttelte den Kopf und meinte: „Der Artikel sagte aber nichts über Gott aus." Weiterführend sagte ich darauf: „Du kannst nicht wirklich etwas gegen Gott haben, ich sehe dich doch täglich in der Messe." – „Nun, ich respektiere ihn," war seine Antwort darauf.

Drei Wochen später wurde in der Messe verkündet, dass der eine Mann, der jeden Tag zur Messe gekommen war, einen Schlaganfall erlitten habe. Sie kannten seinen Namen nicht, aber ich wusste, dass es sich nur um Ben handeln konnte. Ein älteres Ehepaar wusste, dass er in eine Klinik in Concord verlegt worden war – offenbar um zu sterben. Niemand konnte mir sagen, in welches Krankenhaus. So sagte ich letztendlich: „Oh Herr, keiner kennt ihn oder weiß auch nur, wo er ist; aber er liegt mir sehr auf dem Herzen. Bitte zeige mir doch, wie ich ihn finden kann und wann ich ihn besuchen soll."

Eines Morgens sagte der Herr mir dann, als ich gerade aus der Messe kam: „Nun ist es Zeit". Ein Messe-Besucher meinte, dass er möglicherweise im „Bayview"-Krankenhaus von Concord liegen könnte. Während ich die ganze Zeit betete, nahm ich die erste Ausfahrt in diesen Ort und konnte auch schon das Krankenhaus sehen. Am Empfang fragte ich nach „einem Mann namens Ben, der vor vier Tagen im Koma liegend eingeliefert worden war". Sie brachten mich direkt zu ihm.

Ich berührte seine Hand und identifizierte mich als Betty, die Dame, die er immer im Safeway aufzuziehen pflegte. Es kam keine Reaktion darauf. Ich sagte leise: „Ich bin gekommen, um mit dir über etwas sehr Wichtiges zu sprechen. Ich weiß, du liebst Jesus. Ich muss dich auf etwas aufmerksam machen, weil du nun eine Entscheidung treffen musst, welchen Weg du weitergehen willst. Vielleicht willst du ja hier auf der Erde bleiben, weil du das Gefühl hast, noch unerledigte Aufgaben zu Ende bringen zu müssen. Aber du könntest dich auch jetzt, da du Gottes Liebe erfährst, nach Hause gezogen fühlen. Hab keine Angst. Wenn du an Jesus glaubst, so glaube auch daran, dass er die Strafe für deine Sünden auf sich genommen hat. Und wenn du das glaubst, dass Jesus für deine Sünden gestorben ist, dann gibt es nichts, das dich beunruhigen sollte. Ich weiß, dass du an Jesus glaubst, also bist du gerettet und frei. Habe keine Angst, denn – egal ob du auf der Erde bist oder zu Hause – Gott will dich lieben. Du musst eine Wahl treffen." Immer noch keine Reaktion. Also fuhr ich fort: „Ich werde jetzt in dieser ‚pfingstlichen' Art, in Zungen, im Stillen neben dir beten, so dass du dich nicht beunruhigen musst. Aber meine Hand werde ich auf deinem Arm liegen lassen, damit du weißt, dass ich immer noch bei dir bin." Ich betete einige Momente und sagte dann: „Ich weiß, wie sehr Jesus dich geliebt hat und wie sehr du dich danach gesehnt hast, diese Liebe erwidern zu können. Er liebt dich, egal wie du zu ihm kommst." In diesem Moment traten Tränen in seine Augen und er formte mit seinem Mund das Wort „Danke".

Zwei Stunden später starb Ben. Ich erklärte dem Geistlichen, der wusste, dass ich bei seinem Tod anwesend war, dass ich Ben den Heilsplan in ihm verständlichen Worten dargelegt hatte. Als ich ein paar Tage später mit seinen Verwandten, die aus Irland angereist waren, sprach, erzählten diese mir, dass Bens Familie ihn total abgelehnt hatte. Es schien, als ob es niemanden kümmern würde, ob er nun lebte oder tot war.

Lasst uns den Herrn wirklich um einen Geist des Abenteuers gerade für Begegnungen dieser Art, bitten. Sie sind fürwahr kostbarer als Gold. „Lasst uns also voll Zuversicht hingehen zum Thron der Gnade, damit wir Erbarmen und Gnade finden und so Hilfe erlangen zur rechten Zeit." (Heb 4,16)

Wichtige Punkte:
- Eine Berührung kann das gemeinsame Vor-Gott-Treten auf eine fürsorgliche Art ausdrücken.
- Halte deine Gebetssprache so einfach wie in einer normalen Konversation.
- Fürbitte ist nichts anderes, als einfach gemeinsam vor Gott zu treten und ihm unsere Bitten vorzutragen.
- Bittet Jesus, direkt an der Wurzel zu wirken und Hei-

lung in das gesamte Leben des Menschen zu bringen
- Fordert euer Gegenüber auf, dass sie Gott erlaubt, in
die ganzen Umstände hineinzukommen, Hindernisse
ans Licht zu bringen und diese auszuräumen.

Übungen:
1. Bittet den Heiligen Geist, dass er Menschen zu euch sendet, dass ihr Übung bekommt
2. Denkt immer daran, wenn ihr betet, dass eure Bereitschaft, euch verletzlich zu machen, das Tor für Gottes Liebe ist.

Herr Jesus, bitte berühre jetzt mein Herz und alles, was mich eventuell zurückhält, für andere zu beten. Gib mir Mut, Weisheit und Weitsicht. Danke, Herr, Amen.

5. Was kommt nach dem Gebet?

„Derselbe Geist eint durch sich und durch seine Kraft wie durch die innere Verbindung der Glieder den Leib; er bringt die Liebe der Gläubigen untereinander hervor und treibt sie an." (II. Vat. Konzil, Dogmatische Konstitution über die Kirche „Lumen Gentium", Kap. 1, Art. 7)

Thema: Vertrauen (Verlässlichkeit auf den Charakter, die Fähigkeit, Kraft und Wahrhaftigkeit eines anderen; auf jemanden zählen, an jemanden oder etwas glauben): „Mit ganzem Herzen vertrau auf den Herrn, bau nicht auf eigene Klugheit." (Spr 3,5)

Nach 40 Jahren Eheleben rannte mein Vater davon und verließ meine Mutter. Ein paar Wochen, nachdem er gegangen war, fragte der Herr meine Mutter, was sie sich denn wirklich in ihrem Leben wünsche. Dies war ein tiefgründiger Augenblick. Nach einer kurzen Zeit ernsthaften Nachdenkens antwortete sie: „Was ich mir wirklich wünsche ist eine richtige Ehe." Sie gab ihrem Herzenswunsch Ausdruck und legte ihn gleichzeitig in die Hände des Herrn ab. Sie versuchte nicht, ihren Mann mit aller Gewalt wieder nach Hause zu holen. Sie durchlebte eine Zeit des völligen Sich-Fügens und Vertrauens.
Im Gebet sagen wir dem Herrn unsere Wünsche, unser Verlangen und überlassen dann ihm, was er daraus macht. Indem wir so handeln, sagen wir zu Jesus: „Ich liebe dich, Jesus, und ich vertraue dir." In folgender Familienkrise hatten meine Nichte und ich eine gute Möglichkeit uns in gerade diesem Vertrauen zu üben.

Als mein Schwager Harvel bei einem Flugzeugunglück in der Karibik ums Leben kam, war die Familie am Boden zerstört. Und als wir uns in seinem Haus in Colorado versammelt hatten, eröffnete uns seine älteste Tochter Lori, dass sie hingehen und die Leiche ihres Vaters sehen wolle. Wir alle hatten große Befürchtungen, dass sie den Schock dieses Anblicks nicht verarbeiten könne, da ihr Vater an schweren Kopfverletzungen gestorben war. Aber letztendlich konnten wir nichts dagegen tun, da sie volljährig war und so ein Recht dazu hatte, ihre eigenen Entscheidungen zu fällen. Am Abend vor der Beerdigung diskutierten wir über diese Frage. Lori äußerte ihre Wünsche diesbetreffend und ging dann hinaus in die Dunkelheit. Ich folgte ihr. Da sie wusste, dass ich sie sehr liebe, fühlte sie sich in meiner Gegenwart sicher. Aus diesem Grund konnte und durfte ich sie auch fragen: „Lori, könnten wir nicht Jesus fragen, was er will, das du tust? Wenn er will, dass du den Leichnam deines Vaters siehst, wird er dir auch die nötige Kraft dazu geben, mit dem Anblick fertig zu werden. Und sollte er es nicht wollen … Meinst du,du könntest diese Entscheidung ihm anvertrauen?" Mit Tränen in den Augen erlaubte sie mir zu beten. So sprach ich dieses einfache Gebet: „Herr, bitte zeige Lori, was sie nach deinem Willen tun soll." Danach ging ich wieder zurück ins Haus im Vertrauen auf den Herrn. In meinem Herzen war ich mir ganz sicher, dass Jesus zu Lori sprechen würde.

Als auch sie wieder ins Haus zurück kam, konnte ich ihr ansehen, dass sich irgend etwas an ihr verändert hatte. Es gingen eine Kraft und ein Mut von ihr aus, eine völlig neue Ausstrahlung. Sie lehnte sich zu mir herüber und flüsterte mir zu: „Tante Linda, Jesus hat zu mir gesprochen." – „Was hat er gesagt?", fragte ich gelassen. Und dies waren die Worte, die er zu ihrem trauernden Herzen gesprochen hatte: „Liebes, dein Vater würde nicht wollen, dass du ihn so siehst." Lori fuhr fort: „Es ist echt okay, Tante Linda, mir geht es gut damit. Ich kann jetzt damit leben." Und ich wusste, sie konnte. Dieser Moment in all seiner Schmerzhaftigkeit war kostbarer als pures Gold. „Nahe ist der Herr den zerbrochenen Herzen, er hilft denen auf, die zerknirscht sind." (Ps 34,19)

Als eine Freundin diese Geschichte las, meinte sie: „Dies ist ein wunderbares Beispiel dafür, was passiert, wenn wir gebetet haben. Dein Gebet und dein vertrauender Glaube gaben deiner Nichte den Mut, darauf zu vertrauen, dass Gott auch zu ihr sprechen wird; und gleichzeitig auch den Mut dazu, auf Gott zu hören. Das ist genau das, was nach unseren Gebeten passieren sollte; dass, egal mit wem wir gebetet haben, nun derjenige neuen, vertrauensvollen Glauben und den Mut findet, selbst zu beten."

Beten wir mit jemandem, der gerade durch eine sehr schwere Zeit geht, so müssen wir stets im Hinterkopf daran denken, dass wir nicht hier sind, um seine Probleme zu lösen, sondern ihm lediglich dabei helfen sollten, Jesus in die Mitte des Problems zu stellen. Egal, ob wir gerade im Moment mit der Person beten oder später – wir sind nur Fürbitter, die die Nöte und Sorgen des anderen vor Gott bringen. Wenn den Leuten dies dann später aufgeht, dann bete einfach leise etwa so: „Danke Vater, für das Werk, das du in ihrem Leben schon vollbracht hast und noch weiter vollbringen wirst." Als meine Mutter dem Herrn ihren größten Wunsch offenbart hatte und ihn in seine Hände übergeben hatte, bestand sie nicht auf einen bestimmten Ausgang der Geschichte.

Doch tatsächlich kehrte mein Vater wieder nach Hause zurück und nahm darüberhinaus noch Jesus als seinen Herrn an. Selbst wenn meine Mutter für den Rest ihres Lebens alleine geblieben wäre, so hätte das für sie einfach ein Ruf zu tieferem Vertrauen und ein Ruf, Jesus in jeder Lage zu preisen, bedeutet.

In den meisten Fällen werden wir den Ausgang der Dinge nach unserem Gebet nie erfahren, aber, was wir erfahren werden, ist den Gefallen, den der Herr daran findet, indem er uns in eine zärtliche himmlische Umarmung aufnimmt, jetzt und für immer.

Gibt es irgend etwas Kostbareres, als neben jemandem zu stehen und seine Nöte zu unserem liebenden Vater zu erheben? Diese Erfahrung steht sehr weit oben in meiner Skala der schönsten Momente meines Lebens.

Wichtige Punkte:
- Überlasse dem Herrn den Ausgang der Dinge
- Wir sind nur dazu da, dabei zu helfen, den Herrn in den Mittelpunkt der Situation und Probleme zu stellen.
- Oft werden wir nie erfahren, was sich auf unser Gebet hin ereignet hat.
- Gebet für andere kann einen sehr hohen Stellenwert in den Top Ten der schönsten Momente eines Lebens einnehmen.

Übungen:
1. Wenn die Erinnerung an eine Person, für die du gebetet hast, ständig zu dir zurückkehrt, dann danke Gott für seine Treue und zärtliche Liebe.
2. Wenn du nun weiterhin hartnäckig an ihn denken musst, dann frage den Herrn, ob dies ein Zeichen dafür

ist, dass du noch mehr für diese Person oder Situation beten sollst.

Herr Jesus, bitte zeige mir jeglichen Bereich in meinem Leben auf, in dem ich dir noch nicht vertraue. Bitte komm du in diesen Bereich und heile ihn, damit ich dir mehr denn je vertrauen kann. Danke, Herr. Amen.

6. Das Gebet in der Familie

„Die Familie selbst empfing von Gott die Sendung, Grund- und Lebenszelle der Gesellschaft zu sein. Diese Sendung wird sie erfüllen, wenn sie sich in der gegenseitigen Liebe ihrer Glieder und im gemeinsamen Gebet vor Gott als häusliches Heiligtum der Kirche erweist; …" (II. Vatikanisches Konzil, Dekret über das Laienapostolat „Apostolicam actuositatem", Kapitel 3, Artikel 11)

Thema: Wachstum (Bewegung zur Reife hin): „… Wachset in der Gnade und Erkenntnis unseres Herrn und Retters Jesus …" (2 Petr 3,18)

Als ich noch jung war, musste ich immer weinen, wenn ich einen Vater mit seiner Familie beten sah. Das berührte mich so tief. Mein Vater betete nur ein einziges Mal mit mir. Zu dieser Zeit war er noch nicht einmal gläubig. Wir saßen alleine im Auto und ich hatte fürchterliche Kopfschmerzen. Ich wandte mich zu ihm hin und fragte: „Könntest du nicht bitte deine Hand auf meinen Kopf legen und Jesus bitten, dass er meine Kopfschmerzen wegnimmt?" Er legte seine kräftige Schreinerhand auf meinen Kopf und sagte, ohne auch nur im geringsten daran zu glauben: „Jesus, nimm mir MEINE Kopfschmerzen." Er hatte es nicht einmal geschafft, diesen Satz korrekt zu formulieren, aber MEINE Kopfschmerzen verschwanden.
Die beste Gebetszeit mit meiner Mutter hatte ich ein Jahr nach dem Tod meines Vaters. Wir waren in der Küche von Mutters kleinem Häuschen in der Nähe der Küste

Oregons und tranken Kaffee. Dies war eine völlig fremde Umgebung für meine Mutter, die bis dahin mit meinem Vater in San Diego in Kalifornien gelebt hatte. Daher bedeutete dies eine sehr große Umstellung für sie. Sie schauderte etwas, als sie mir verschämt gestand: „Die Wahrheit ist, dass ich mich mein ganzes Leben lang vor der Dunkelheit gefürchtet habe." Ich bekam ganz feuchte Augen, denn das hatte ich wirklich noch nicht von ihr gewusst. „Solange dein Vater noch lebte, konnte ich noch damit fertig werden. Aber jetzt, wo er nicht mehr ist, muss ich alleine damit umgehen."

Meine Schwester und ich schlossen Mutter in unsere Arme und baten Jesus, mit seinem heilenden Licht bis in die Wurzeln dieser Angst vor der Dunkelheit vorzudringen. Wir baten den Herrn, all die Angst wegzunehmen und seine heilende Liebe über ihr auszugießen. „Furcht gibt es in der Liebe nicht, sondern die vollkommene Liebe vertreibt die Furcht ..." (1 Joh 4,18). Daraufhin reichten wir ein Päckchen Taschentücher reihum, um uns die Tränen abzuwischen. Dies war für mich einer der wertvollsten Augenblicke mit meiner Mutter.

Es gibt ein altes Sprichwort: „Familien die zusammen beten, halten zusammen." Ich glaube, dass Familien, die zusammen beten, darüberhinaus auch zur Heilung eines jeden Angehörigen beitragen können. Und dennoch bekomme ich ständig zu hören, wie schwer es doch ist, mit seinen Familienangehörigen gemeinsam zu beten – viel schwieriger als mit Freunden, der Gebetsgruppe oder sogar mit Fremden.

Es liegt ein enormer Segen darauf, wenn wir in Treue für unsere Familie beten. Deshalb will ich ein paar Ideen von Leuten, die erfolgreich in ihrer Familie beten, weitergeben.

Die Ablehnung besiegen

Eine meiner Freundinnen erzählte mir Folgendes: „In der Zeit, als mein Mann noch nicht für das Beten offen war, habe ich immer, wenn ich ihn morgens zum Abschied umarmte, im Stillen für ihn gebetet. Ebenso legte ich ihm, als er dann abends eingeschlafen war, meine Hand auf und betete für eine Offenheit gegenüber dem Heiligen Geist und gleichermaßen um innere Heilung, tief in seinem Herzen." Ihr Mann ist inzwischen sehr offen für familiäres Gebet.

Über ihre Kinder erzählte sie mir: „Wenn ich Ablehnung oder Härte in meinen Kindern sehe, gehe ich oft, nachdem sie eingeschlafen sind, zu ihnen und bete für sie. Ein oder zwei Tage später kann ich dann meist einen bemerkenswerten Unterschied an ihnen sehen. Um meine Familie zum gemeinsamen Gebet zu ermutigen, lasse ich sie auf eine recht lockere und unaufdringliche Art wissen, dass ich ihre Gebete brauche. Nicht mit der Familie zusammen zu beten, ist für mich, als ob ich sie ohne Regenschirm in den Regen stellen würde. Und obgleich unsere Zwölfjährige die Augen verdreht, höre ich doch nicht auf, ihr von unseren Gebetserhörungen zu erzählen. Ich lasse mich durch ihre Reaktion nicht entmutigen, weil ich weiß, dass ihr Geist sehr wohl jedes Wort hört."

Für all jene, die damit Schwierigkeiten haben, ihre Bitten auszudrücken, würde ich vorschlagen, dass jede Person ihre Gebetsanliegen auf ein Stück Papier schreibt. Dann tauscht eure Zettel aus und betet nun laut für die Nöte des anderen. Und wenn das klappt, dann fangt an, eure eigenen Gebetsanliegen für die anderen zu formulieren.

Regelmäßige Gebetszeiten

Maria, eine kanadische Freundin, der zusammen mit ihrem Vater einige Geschäfte in einem großen Einkaufszentrum gehören, trifft sich jeden Morgen mit ihm zu Kaffee und Morgengebet, als Start in den Tag. Da sitzen sie dann in einem Cafe des Centers und bitten den Herrn um seinen Segen und seine Führung für den Tag, was sie nur verschwindend mehr Zeit kostet als eine normale Kaffeepause. Mit gleicher Regelmäßigkeit besuchte sie die letzten paar Jahre jeden Samstag abend ihren neunzigjährigen Großvater und betete jedesmal ein kurzes Gebet mit ihm zusammen. Diese kurzen aber regelmäßigen Besuche ließen sie so fest zusammenwachsen, dass sie nach seinem Tod auch nicht den geringsten Wunsch nach irgendeiner seiner Hinterlassenschaften hatte. Gegenständliche Dinge konnten einfach nicht dem gleichkommen, was sie letztendlich schon in ihrem Herzen geschenkt bekommen hatte. Regelmäßige Gebetszeiten in der Familie, und seien sie auch noch so kurz, können anhaltende Früchte mit sich bringen.

Ich kenne eine junge Familie, die jeden Abend mit ihren dreizehnjährigen Zwillingssöhnen und ihrer achtjährigen Tochter traditionelle Gebete der Kirche zusammen beten. Sie sagen, dass das natürlich nicht immer einfach durchzusetzen sei. Aber sie haben herausgefunden, dass die Kinder durch das Führen eines Gebetsanliegen-Buches, aus dem sie dann abwechselnd die Gebetsanliegen vortragen dürfen, und auch dadurch, dass sie ihnen auch erzählen, wie ihre Gebete beantwortet werden, richtig zum Mitmachen motiviert werden.

Eine in Kanada lebende Mutter erzählte mir, dass sie jeden Tag der Woche einem anderen Familienmitglied widmet. Der Montag ist für Susi da, der Dienstag für Daniel usw. Jeder weiß, welches sein oder ihr spezieller Tag ist. Wenn man nun diesen Rahmen mit Gebet für ein spezielles Anliegen mit Susi am Montag, Dan am Dienstag etc. kombinieren könnte, würde es sogar noch effektiver, kraftvoller sein.

Eine andere Familie hält ihren regelmäßigen „Vergebungs-Abend" ein. Dabei versammelt sich die ganze Familie im Wohnzimmer und sitzt in einem Kreis, in dessen Mitte ein Stuhl steht. Dann wird sich ein Familienmitglied auf diesen Stuhl setzen und jemanden, den er verletzt hat, um Vergebung bitten. Ein Kind könnte da in etwa sagen: „Es tut mir leid, dass ich dein Spielzeug kaputt gemacht habe." Ihm wird daraufhin Vergebung zugesprochen und bestätigt und gemeinsam gebetet. Dann setzt sich das nächste Familienmitglied auf den „Vergebungs-Stuhl".

Eine weitere Familie hat ihren regelmäßigen „Hilfe-Abend". Sie versammeln sich und einer nach dem anderen wird dann sagen: „Bei diesem oder jenem brauche ich Hilfe". Dieses Wort „Hilfe" ist zum Signal in dieser Familie geworden, bei dem die anderen denjenigen ermutigen, etwas auszudrücken, was sehr schwierig mitzuteilen ist oder was einem sehr schwer fällt.

Eine andere Freundin von mir besitzt ein Gemälde, welches Jesus mit ausgestreckten Händen darstellt. Ihre Familie klebt auf diese Hände Post-it-Notizen mit ihren Gebetsanliegen darauf. Diese Notizzettel werden dann während der Familien-Gebetszeiten heruntergenommen, um dafür zu beten; und danach wieder in Seine Hände zurückgeheftet, bis die Antwort darauf gekommen ist. Viele Ehepaare praktizieren regelmäßige morgendliche oder abendliche Gebetszeiten miteinander. Sie können mit traditionellen Gebeten der Kirche oder mit einem spontanen „Danke Herr für diesen Tag ..." ausgefüllt sein. Auch viele Paare haben in ihrer Verlobungszeit regelmäßige Gebetsformen entwickelt, in denen sie zusammen für ihr späteres gemeinsames Eheleben beten. Viele Mütter und Väter stehen an der Tür und sprechen ein kurzes Segensgebet für jedes Familienmitglied, wenn sie sich morgens auf den Weg machen.

Der wichtigste Punkt dabei ist, damit anzufangen, auf einer regelmäßigen Basis weiter zu machen und, wenn dieses Muster einmal durchbrochen wird, wieder damit anzufangen.

Hartnäckigkeit

Gebt die Familienmitglieder, die sich widersetzen, nicht auf! Meine Mutter hatte über 30 Jahre für mich gebetet, ehe ich mein Leben Jesus übergab. Becky, eine Freundin, erzählte mir, welch wildes Leben sie über viele Jahre hinweg geführt hatte. Da war alles zu finden von Alkoholismus und Drogenkonsum über Abtreibungen und mehreren Ehen. Eines Tages, nach dem Besuch eines Psychologie-Seminars, bei dem sie mit ihrer Firma teilgenommen hatte, kam sie nach Hause, sinnierte über die großen Dinge des Lebens nach und ließ sich dabei ein heißes Bad einlaufen. Während sie in der Wanne saß, sich ihre Beine rasierte und nebenher eine Marihuana-Zigarette rauchte, kam der Heilige Geist wie eine Flut über sie. Sie war voll des Heiligen Geistes. Und das Einzige, an was sie noch denken konnte war, ihre portugiesische Großmutter anzurufen. In ein Badetuch gewickelt wählte sie die Telefonnummer. „Großmutter, kennst du Gott?" – „Ja, Becky." – „Ich meine, kennst du Gott wirklich?" – „Ja, Becky, ich kenne ihn wirklich." Becky war noch immer nicht zufrieden. Sie zog sich an und machte sich auf die zweistündige Fahrt zu ihrer Großmutter und fand diese dort still betend in ihrem Wohnzimmer vor. Die beiden umarmten sich und weinten. Becky wusste, dass sie nur aufgrund der hartnäckigen Gebete ihrer Großmutter diese Gnade der Hingabe an Gott hatte empfangen dürfen.

Gib nie auf, für deine Familie zu beten. Es kann sein, dass du heimlich beten musst oder stille, einhüllende Gebete, oder dass du nur beten kannst, wenn alle schlafen; aber höre nicht auf damit. Irgendwann werden du und sie die Früchte dafür ernten können.

Wichtige Punkte:
- Familien, die zusammen beten, können einander helfen, heil zu werden.
- Es kann einem schwerer fallen, in der Familie zu beten als mit Freunden oder Fremden.
- Eine Regelmäßigkeit im Familiengebet kann bleibende Früchte hervorbringen.
- Gib niemals auf

Übungen:
1) Danke Gott täglich für seine große Liebe, die er für jedes Familienmitglied hat und für seinen Wunsch um ihr Wohlergehen.
2) Bring ihm jeden Tag besagte Situationen im Vertrauen auf seine Liebe und darauf, dass er alles zur richtigen Zeit machen wird.

Herr Jesus, mache mich zu einem Werkzeug der Heiligung in meiner Familie. Zeige mir diejenigen Bereiche auf, in denen ich Uneinigkeit und Spaltung verursacht habe. Berühre und heile du diese Bereiche und mache mich zu einem Werkzeug der Einheit und des Segens. Zeige mir, wann ich schweigen und wann ich reden soll. Danke Herr, Amen.

7. Voneinander lernen

… die Weisheit, die den Geist des Menschen sanft zur Suche und Liebe des Wahren und Guten hinzieht …" (II. Vat. Konzil, Pastorale Konstitution über die Kirche in der Welt von heute „Gaudium et spes", Kap. 1, Art. 15)

Thema: Weisheit (die Fähigkeit, verdeckte innere Qualitäten und Beziehungen zu unterscheiden; Einsicht; Sensibilität; Voraussicht; die Fähigkeit, Sicheres und Angemessenes zu wählen): „Fehlt es aber einem von euch an Weisheit, dann soll er sie von Gott erbitten; Gott wird sie ihm geben, denn er gibt allen gern und macht niemand einen Vorwurf." (Jak 1,5)

Auch wenn wir uns noch so anstrengen, unser Bestes zu geben, so müssen wir uns doch immer vor Augen halten, dass wir Kinder in der Entwicklungs- und Wachstumsphase sind. Wenn wir jeden Tag üben, wie wir unsere Schuhe binden, so werden wir das eines Tages sehr gut beherrschen. Wir lernen mit jeder sich bietenden Möglichkeit dazu. Der Schlüssel zur Reife liegt nicht im Aufgeben, sondern vielmehr im Ausnützen jeder sich bietenden Gelegenheit, um daran zu wachsen. Nur so werden wir wirkliches Wachstum erleben. Es empfielt sich, einen Gebetspartner oder einen geistlichen Leiter zu haben, der dabei helfen kann, solche Gelegenheiten voll auszuschöpfen. Die hier folgenden Teilstücke der Weisheit sind von Personen eingebracht worden, die beten, aber auch von solchen, die Gebet empfangen haben. Wir können dabei voneinander lernen.

Ermutigungen

Erst kürzlich wurde ich gefragt, ob ich mich beim Gebet um Heilung denn wirklich immer wohlfühle – auch wenn die Diagnose des Betroffenen auf Todkrank lautet. Meine Antwort darauf war: „Ja, ich werde dafür beten, dass sein Körper geheilt wird und seine Seele geliebt. Dabei überlasse ich die Entwicklung der Dinge einem liebenden himmlischen Vater.

Versichert den Menschen, dass Jesus einen viel besseren Plan für ihr Leben hat, als sie es sich je hätten wünschen oder auch nur vorstellen können. „Denn ich, ich kenne meine Pläne, die ich für euch habe – Spruch des Herrn –, Pläne des Heils und nicht des Unheils; denn ich will euch eine Zukunft und eine Hoffnung geben" (Jer 29,11).

Der Herr sagte einmal zu einem Gebetskreisleiter, dass er nur so viele neue Mitglieder zu ihnen senden werde, wie die Leiter in ihrer Kapazität, diese in Liebe aufzunehmen, wachsen würden. Lasst uns um dieselbe Gabe beten. „Euch aber lasse der Herr wachsen und reich werden in der Liebe zueinander und zu allen, ..." (1 Thess 3,12).

Wenn du beim Gebet für jemanden sehr tief bewegt wirst, dann schäme dich nicht, diejenige Person deine Tränen sehen zu lassen. Jesus hat auch vor allen Leuten am Grab des Lazarus geweint (Joh 11,35).

Unser Glaube gründet auf Gott, nicht auf unsere Gebete „... so dass ihr an Gott glauben und auf ihn hoffen könnt" (1 Petr 1,21b). Vom praktischen Standpunkt aus gesehen ist es sehr befreiend zu wissen, dass unsere Gebete nicht perfekt sein müssen. Meine ganzen Erfahrungen bei meinem Wirken im Krankenhausbesuchsdienst warnten mich davor, zu dem blinden Mann zu sagen: „Gott hat mich gesandt." Und dennoch hat Gott aus diesem Besuch, den ich während meines postoperativen Krankenhausaufenthaltes machte, Wunderbares entstehen lassen. Es erfüllt uns mit großem Frieden, großer Ruhe zu wissen, dass wir beten können: „Herr, bitte kümmere du dich darum. Fülle du die große Lücke zwischen dem aus, was erreicht, getan wurde und dem, was du tun wolltest. Danke, Herr."

Indem wir unsere persönlichen Geschichten, wie Jesus Heilung in unser Leben gebracht hat, weitererzählen, können wir anderen dadurch Hoffnung geben und sie für den Glauben öffnen, dass Gott auch ihnen helfen wird. Besonders auch, wenn ihr die Geschichte niederschreibt und sie den Menschen weitergebt, kann dies eine wunderbare Hilfe zur Öffnung darstellen oder auch als Nachsorge nach dem Gebet. „Geht ... und verkündet dem Volk alle Worte dieses Lebens!" (Apg 5,20)

Ermutigt die Leute, die Gebet empfangen haben, einen Schritt weiter zu gehen und für andere zu beten. Und wenn du sie auch nur darum bittest, für dich zu beten, ist das auch in Ordnung.

Übe dich im Gebet der Gegenwart. Deine einfache Anwesenheit bei Menschen mit Schmerzen, Verwirrtheit, Traumen – als ihre Verbindung zu Gott inmitten des tobenden Sturms, ob mit oder ohne Worte – kann sehr, sehr heilsam sein. Manchmal reicht es auch aus, nur die Hand des Betroffenen zu halten und zu sagen: „Hilf, Herr. Ich weiß nicht, wie und was ich beten soll, aber wir wissen, dass du Gutes in diese Situation hinein wirken wirst. Ich vertraue darauf, dass du etwas viel Größeres daraus machen wirst, als wenn es nicht passiert wäre" – „... Wir wissen, dass Gott bei denen, die ihn lieben, alles zum Guten führt, bei denen, die nach seinem ewigen Plan berufen sind" (Röm 8,28). Denke daran, dass es sich bei den meisten Heilungen um einen Prozess handelt. Auch wenn wir noch keine letztendliche Wirkung sehen können, während wir beten, so können wir doch darauf vertrauen, dass Jesus durch unsere Gebete das, was nötig war, vollbracht hat.

Weitere Themen/Bereiche/Aspekte

Die Menschen brauchen Jesus um vieles notwendiger als unsere guten Ratschläge. Vor allem auch, weil die meisten von uns nicht als Seelsorger ausgebildet sind und wir deshalb, und auch durch unseren Mangel an Wissen, großen Schaden anrichten können, wenn wir über unsere Zuständigkeit hinausgehen. Unsere Aufgabe ist es, Menschen in die heilende Gegenwart Jesu zu bringen. Der Herr mag ihnen vorschlagen, des öfteren in der Bibel zu lesen, oder sie ermutigen, sich einem Gebetskreis anzuschließen. Er kann dich auch dazu veranlassen, der Person Seelsorge nahezulegen oder ein weiteres Gebetstreffen anzubieten. Der Unterschied, den ich dabei sehe, ist folgender: Es ist wirklich nicht unsere Aufgabe, ihre Probleme zu lösen, sondern wir sollen als Wegweiser zu Jesus hin dienen.

Höre deinem Gegenüber erst einmal zu, ohne zu urteilen. Es mag Dinge sagen, die im völligen Gegensatz zu deinem Glauben stehen. Für manche kann allein schon unser ruhiges, nicht verurteilendes Zuhören ein erster Schritt zur Heilung sein. Der Heilige Geist wird die nötigen Korrekturen zu seiner Zeit einbringen. Wir alle sind mitten drin in einem (fortlaufenden) Prozess.

Sei vorsichtig damit, dich zu sehr mit den anderen zu identifizieren und respektiere seine Intimsphäre. Wenn eine Berührung ihm unbehaglich ist, dann berühre ihn nicht. Und wenn er das Sprachengebet noch nie erlebt hat, dann bete nicht laut in Sprachen (oder unterweise ihn darin, wenn er Interesse hat). Sei einfach wirklich sensibel für die individuellen Unterschiede, auch in der Wahl deiner Worte, während du betest.

Es ist sehr wichtig, diese Gebetszeiten vertraulich zu behandeln. „Bewahre, was dir anvertraut ist" (1 Tim 6,20a). Leute, für die wir gebetet haben, müssen einfach mit dem guten Gefühl und Wissen weggehen können, dass wir ihre Privatsphäre respektieren und dass wir niemals ohne ihre Erlaubnis über diese persönlichen Dinge mit anderen reden würden. Wenn wir uns als sicherer Ort für Gottes verwundete Kinder erweisen, wird er uns mehr und mehr von ihnen anvertrauen.

Eine der schwierigsten Situationen ist es, für Menschen mit psychischen Problemen zu beten. Am besten ist es, dabei nur wenige Worte und viel, viel Liebe anzubringen. Versuche diejenige Person an eine Gebetsgruppe für weiterführende Unterstützung anzuschließen.

Dein Fundament sollte immer eine Gemeinschaft bleiben. Ordne dich dort der Autorität unter. Sei auf der Hut davor, ein einsamer Streiter zu werden.

Manches besser ungesagt lassen

Manchmal haben wir in unserer Frustration und unserem Willen zu helfen versucht, mit Allerweltsphrasen bei komplexen Problemen mitzureden. Das waren dann Sätze wie „Kopf hoch, es kann nur noch besser werden", oder „du bist stark, du machst das schon". Bevor man solche Sätze oder auch Ermahnungen wie „du musst einfach noch mehr Glauben aufbringen" ausspricht, sollte man eher den Mund halten.

An dieser Stelle gibt es auch noch ein anderes schwieriges Gebiet zu besprechen. Eine Frau aus einer anderen Region rief mich eines Tages an – sie war völlig durcheinander – weil die Leute in ihrer Gemeinde ständig von Dämonen sprachen, während sie mit ihr beteten. Eine Art damit umzugehen, die Jesus mir aufgezeigt hat, ist folgende: Wir können z.B. so beten: „Herr, was auch immer diese Person beeinflusst und krank macht – wenn etwas dabei nicht von Dir ist, so nimm es weg und fülle diese Stelle mit deiner Gegenwart auf." Auch scheint es für mich in Ordnung, wenn wir die Gegenwart von etwas Bösem spüren, das die Person angreift, dass wir es im Stillen zum Schweigen bringen. Wir müssen es nicht laut äußern.

Wir sind nicht dazu berufen zu beten, um den Doktor zu mimen. Normalerweise fühlt man sich sehr mulmig, nach einem Gebet zu sagen „du bist geheilt", selbst wenn man sich sicher ist, dass eine Heilung während des Gebetes stattgefunden hat. So sollten wir, wie es die Liebe uns gebietet, es ruhig der Heilung erlauben, sich selbst zu bestätigen. Und der Arzt wird es dann auch bestätigen, wenn es soweit ist. Haltet die Betroffenen immer dazu an, ihre Medikamente auch weiterhin zu nehmen und den Anweisungen des Arztes Folge zu leisten, bis dieser anderweitig entscheidet. Auf der anderen Seite ist es sicherlich völlig in Ordnung zu sagen: „Sei geheilt in Jesu Namen". Oder wir können sie auch daran erinnern, dass Heilung immer ein Prozess ist und dass dieser Schritt mit diesem Gebet schon ein Stück in Bewegung in Richtung vollständiger Heilung war.

Manchmal wird der Heilige Geist dir eine Situation aus dem Leben der Person ausschließlich für das fürbittende Gebet zeigen. Man darf also nicht automatisch annehmen, dass man alles, was einem gezeigt wird, sofort laut aussprechen soll. Erbitte dir Weisheit vom Herrn. Achte darauf, dass du wirklich dafür betest, dass Gottes Wille im Leben der betroffenen Person geschieht. Es wäre schlichtweg trampelhaft zu sagen: „Ich werde dafür beten, dass du das Rauchen aufgeben kannst; Gewicht abnehmen kannst; dein Eheleben wieder in Ordnung kommt", ohne vorher um Erlaubnis zu fragen. Du könntest stattdessen im Stillen beten: „Herr, ich bete dafür, dass dein höchster Wille sich bei dieser Person auf dem Gebiet des Rauchens, ihres Gewichtes, ihrer Ehe etc. erfüllt." Wir können getrost um die Erfüllung von Gottes Willen beten, weil wir ihm vertrauen, im Wissen, dass er diese Menschen liebt und noch viel Größeres und Besseres für sie will, als wir es uns auch nur vorstellen können. Er wird uns immer ein Stück weiter in Richtung Heilung bringen, wenn wir darfür beten, dass sein Wille geschieht.

Wichtige Punkte:
- Das Geheimnis des Reifens ist, alle sich bietenden Gelegenheiten zum Wachsen zu nutzen
- Liebe, höre zu und teile dich mit – ohne jegliche Verurteilung
- Respektiere; mime nicht den Arzt; bete um die Erfüllung von Gottes Willen.
- Vermeide es, zu beseelsorgen und Allerweltsphrasen zu benutzen.
- Zeige den Menschen einfach nur den Weg zu Jesus

Übungen:

1) Bitte den Heiligen Geist jedes Mal nach solch einer Gebetszeit, dass er sie mit dir noch einmal durchgeht und dich dabei lehrt. Es ist oft hilfreich, sich davon Notizen zu machen.

2) Trenne dich von der Situation, indem du alle deine eigenen Bemühungen dem Heiligen Geist überlässt. Gott wird sich um alles Weitere kümmern.

Danke, Herr, dafür, wie du deine Kinder lehrst. Danke für die Gnade, dass ich mich nicht so wichtig nehmen muss und dass ich wissen darf, dass alles dir gehört. Amen.

8. Den Blick auf den Preis gerichtet

„Gott hat in seiner Güte und Weisheit beschlossen, sich selbst zu offenbaren und das Geheimnis seines Willens kund zu tun (vgl. Eph 1,9): Dass die Menschen durch Christus, das fleischgewordene Wort, im Heiligen Geist Zugang zum Vater haben und teilhaftig werden der göttlichen Natur (vgl. Eph 2,18; 2 Petr 1,4). In dieser Offenbarung redet der unsichtbare Gott (vgl. Kol 1,15; 2 Tim 1,17) aus überströmender Liebe die Menschen an wie Freunde (vgl. Ex 33,2; Joh 15,14f) und verkehrt mit ihnen (vgl. Bar 3,38), um sie in seine Gemeinschaft einzuladen und aufzunehmen. (Offb 1,2)
(II. Vat. Konzil, Dogmatische Konstitution über die göttliche Offenbarung „Dei Verbum", Kap. 1, Art. 2)

Thema: Heiligung (in göttlicher Gnade wachsen): „Der Gott des Friedens heilige euch ganz und bewahre euren Geist, eure Seele und euren Leib unversehrt, damit ihr ohne Tadel seid, wenn Jesus Christus, unser Herr, kommt. Gott, der euch beruft, ist treu; er wird es tun" (1 Thess 5,23f).

Von Kindesbeinen an wird uns gelehrt, dass der Sinn unseres Lebens, Gott und einander zu kennen, zu lieben und zu dienen ist. Eine der effektivsten Methoden, das zu erfüllen, ist, mit anderen zu beten. Ein Ziel dieses Buches war unter anderem auch, einfaches Können in dieser Art des unkonventionellen Betens zu entwickeln.
Das schließt auch das Gebet mit ein, dass Jesus uns für verschiedene Begegnungen seine Salbung gibt, so dass

wir Übung bekommen und dieses Können entwickeln werden. Es ist zu erwarten, dass nun viele Menschen im Glauben hinausgehen werden und Jesus bitten, andere durch sie zu heilen. Ich bete, dass genau das auch bei dir geschieht.

Er formt uns zu Dienern der Liebe. Es ist sein Dienst, nicht der unsere. Es sind Menschen seines Volkes, und so ist jeder Dienst, den wir tun, ein Dienst der Anbetung. Wenn wir einen Dienst an unseren Brüdern und Schwestern tun, so dienen wir Jesus. Alles, was wir für die anderen tun, tun wir für ihn, weil er sie so sehr liebt.

So lasst uns, während wir für den Blinden, den Bettler, den Niedergeschlagenen beten, dies mit dem Bewusstsein in unserem Herzen tun, wie sehr Jesus sie liebt. Und auch bei unseren Begegnungen mit Tankwarten, Verkäufern in den Geschäften und Töchtern, die ihre Väter verloren haben – liebt sie mit der Liebe die uns der Himmel schenkt und seid euch immer Jesu Liebe für jeden dieser Menschen bewusst und ebenso seines großen Wunsches für ihr Wohlergehen.

Und lasst uns, gerade wenn wir von Leuten wie Ben hören, immer auch der Möglichkeit offen gegenüber stehen, dass in Gottes Augen flüchtige Begegnungen einen späteren Sinn haben können. So sollten wir jede Begegnung, auch wenn sie uns noch so oberflächlich erscheint, als etwas für Gott Wertvolles ansehen.

Und je mehr wir in unserer persönlichen Beziehung mit Jesus wachsen, um so mehr wird sein Leben, das in uns ist, anfangen, auf das Leben derjenigen, für die wir beten überzufließen. Am Ende werden wir zu solch einer Einheit mit Jesus gelangen, dass Menschen allein schon durch unsere Anwesenheit sich bekehren und geheilt

werden. Alles, was wir dann noch tun müssen, ist, hinzu-
gehen – hingegeben und gehorsam – und Gottes Geist
erlauben zu wirken.

Ich habe die Geschichte einer Frau gehört, die eines
Tages in der Kirche saß und betete. Es betrat eine andere
Frau die Kirche und setzte sich in deren Nähe. Nach
einer Weile drehte diese Frau sich der ersten zu und sagte
„ich war so hartherzig, ich könnte nie verzeihen." Sie
saßen dort in Stille, über diese Worte nachdenkend und
im Bewusstsein der Gegenwart Gottes. Bevor sie sich ver-
abschiedeten, beteten sie noch miteinander.

Lasst uns alles, was wir tun, sei es nun perfekt oder
unperfekt, dem Urheber und Vollender unseres Glaubens
zurückgeben. Jesus ist dabei, seine Kirche aufzubauen,
und wir sind dabei seine Arme und Hände und Augen
und Stimme und Füße. Er beruft uns dazu, unsere Städte
zu evangelisieren, und schenkt uns die Kraft dazu, muti-
ge Taten für ihn zu vollbringen. Er gab uns ein vorbildli-
ches Beispiel des Dienens, indem er seinen Aposteln die
Füße wusch. Er fordert uns dazu auf zu vertrauen ohne
zu verstehen, er verspricht uns Weisheit, wenn wir darum
bitten, und versorgt uns mit mehr als genug
Möglichkeiten zu wachsen. Und er wird uns durch und
durch heiligen, während wir treu in unserer Beziehung zu
ihm weitergehen.

Vielleicht werden wir dann auch wie Pater Otto „mit
einer kleinen Armee von Seelen, die wir berührt, zu hei-
ligem Leben inspiriert und freundlich aber bestimmt auf
den steilen und engen, aber einzig sicheren Weg zu Jesus
gelenkt haben, zum Himmel empor steigen …" – „… und
wer einem von diesen Kleinen auch nur einen Becher fri-

sches Wasser zu trinken gibt, weil es ein Jünger ist –
amen, ich sage euch: Er wird gewiss nicht um seinen
Lohn kommen" (Mt 10,42).

Wichtige Punkte:
- Wir werden gelehrt, dass der Sinn unseres Lebens, Gott
  und einander zu kennen, zu lieben und zu dienen, ist.
- Einer der effektivsten Wege, das umzusetzen, ist, mit
  Menschen zu beten.
- Jesus schenkt uns seine Salbung, auf dass wir heilende
  Begegnungen mit Menschen seines Volkes haben.
- Jeder Dienst, den wir tun, ist ein Akt der Anbetung; was
  wir an anderen tun, tun wir für ihn.
- Je mehr unsere persönliche Beziehung zu ihm wächst,
  umso mehr wird sein Leben, das in uns ist, auf die
  anderen überfließen.

Übungen:
*1) Mache dir bewusst, dass die Heilige Schrift Jesus so
offenbart, wie er ist; und durch dich hindurch leben
will.*
*2) Nimm dir Epheser 4 vor und beschäftige dich inten-
siv damit, um zu sehen, wie Jesus in dir leben will.*

*Danke Herr, dass du mich, noch ehe du die Welt
erschufst, dazu erwählt hast, ein Bote der Hoffnung für
die zu sein, die mein Leben berührt. Hilf mir zu erkennen, was das bedeutet, und immer mehr mit deinem
Heiligen Geist zu kooperieren, während ich in der
Gnade und Erkenntnis unseres Herrn Jesus Christus
wachse. Danke Vater, dass du mich als dein Kind
annimmst. Amen.*